AF826256

# Drohung

## in Anfechtbarkeits- und Erpressungstatbestand

(§ 123 BGB. § 253 StGB.)

von

Dr. **Rudolf Henle**
ord. Prof. der Rechte an der Univ. Rostock

1925
Verlag von Alfred Töpelmann in Gießen

# I.

In § 123 Abs. 1 BGB. ist angeordnet: „Wer zur Abgabe einer Willenserklärung . . . widerrechtlich durch Drohung bestimmt worden ist, kann die Erklärung anfechten." Dürftiger konnte das entscheidende Moment, das Gebaren des Drohenden, kaum gekennzeichnet werden als durch diese paar Worte: „widerrechtlich durch Drohung". Die Folge ist wissenschaftliche Qual und praktische Unsicherheit. Daß die Mitteilung des Gläubigers an den säumigen Schuldner, er werde ihn mangels Zahlung nunmehr verklagen, die Zahlung nicht anfechtbar macht, steht außer Zweifel; die Begründung aber bereitet Qual. Schlimmer ist die Unsicherheit in der Beurteilung zahlreicher und wichtiger Fälle: insbesondere der Drohung mit Aufkündigung eines Miet- oder Dienstverhältnisses, sowie vor allem der Drohung mit Strafanzeige. Zu einer Volksgefahr wird diese Rechtsunsicherheit vollends dadurch, daß Hand in Hand mit der Frage nach der Anfechtbarkeit wegen Drohung die Frage nach der Strafbarkeit wegen Erpressung steht: nach § 253 StGB. wird, wer, um sich oder einem Dritten einen rechtswidrigen Vermögensvorteil zu verschaffen, einen Anderen durch Drohung zu einer Handlung, Duldung oder Unterlassung nötigt, mit Gefängnis bestraft. Auch § 306 des neuen Strafgesetzentwurfs hilft trotz allen Bemühens im Kernpunkt nicht weiter.

Wie läßt sich verstehen, daß das BGB. in einer so bedeutungsschweren Frage so dürftige Regelung bietet, „noch verunglückter als die des § 253 RStGB." [1])? Darüber belehrt ein Blick in die Heimat unserer juristischen Gedankenwelt: das römische Recht. Wer seinen Geist vor dem römischen Rechte verschließt, der mag ein erträglicher juristischer Techniker sein, als akademisch gebildeter Jurist aber kann er nicht gelten: das zeigt gerade die Lehre von der Drohung. Im römischen Rechte entsprach der Drohung das metum inferre oder adhibere: das Einflößen von Furcht. Die herrschende gemeinrechtliche Doktrin hat das im allgemeinen hingenommen wie es dastand: als I n a u s s i c h t s t e l l u n g

---

[1]) Engelhard in Ztschr. f. d. g. Strafr. Bd. 35 S. 416.

eines Übels.[1]) Diesen keineswegs abschließenden Gedanken hat man nicht weiter geklärt: er blieb im Halbdunkel. Der Grund war ein zweifacher. Einmal hat die gemeinrechtliche Streitfrage nach der Rechtswirkung des metus beim erzwungenen Rechtsgeschäft das wissenschaftliche Interesse abgelenkt.[2]) Sodann aber und vor allem war das Gebiet des

[1]) Windscheid-Kipp, Pand. 9. Aufl. I S. 416 (Erregung von Furcht); Dernburg-Sokolowski, Röm. R. I S. 182 (Androhung eines Übels).

[2]) Auch die neueste Bearbeitung von Fritz Schulz, „Die Lehre vom erzwungenen Rechtsgeschäft im antiken römischen Recht", Savigny-Ztschr. Bd. 43 S. 171 ff. beschäftigt sich nur mit den Rechtswirkungen des Zwanges. Die vielbehandelte Stelle 29, 2 D. l. 6 § 7 will Schulz 182 ff. statt von Simulation beim Erbschaftsantritt vom Zwange zum Erbschaftsantritt, den der Herr gegenüber seinem Sklaven übt, verstanden wissen. Die Begründung ist aber durchaus hinfällig. Das Einschiebsel „placet" ist belanglos: aus einem unklassischen Wort folgt nicht unklassischer Inhalt. Der Hinweis auf den Gegensatz von servus und liber überzeugt nicht, da der liber als solcher sui iuris gedacht ist, und Ulpian nicht für ABC-Schützen, sondern für denkende Leser schrieb (vgl. Henle, Unus casus S. 161 Anm. 10). Schulz findet einen Tatbestand, in welchem der mit iussus des Herrn ausgestattete Sklave von einem Dritten zum Antritt gezwungen wird, „gekünstelt und lebensfremd". Schulz hat aber unterlassen, l. 25 §§ 8, 9 eod. zur Kenntnis zu nehmen, wo deutlich zu lesen steht, daß der iussus seinem Wesen nach kein Befehl, sondern eine Ermächtigung ist. Ist aber der iussus kein Befehl, so ist ein Zwang gegenüber dem Sklaven mit iussus ebensowenig „gekünstelt und lebensfremd" wie ein Zwang gegenüber dem Herrn selbst. Richtig ist Schulz' Anstoß an „dunkler zweideutiger Kürze" des „fallens". Das „fallens" ist in der Tat nachklassisch. Aber es handelt sich keineswegs um den „Zusatz eines Mannes, der die Entscheidung des Celsus nicht mehr verstand", sondern ganz einfach um die Fassung seitens der Kompilatoren, als sie die cretio (Schulz 184 o.) austilgen mußten. Gerade bei der cretio vor Zeugen, deren Zuziehung die Regel war (Schulz a. a. O.), ist der Tatbestand einer Simulation als vorheriger Verständigung mit den Zeugen mühelos zu greifen.

Schulz' Ansicht, daß der Herr seinen Sklaven nicht zum Antritt habe zwingen können, ist schon an sich befremdend. Schulz meint, andernfalls hätte man dem Herrn auch gestatten müssen, selbständig ohne die Mittlertätigkeit des Sklaven anzutreten. Aber Schulz verkennt den Zweck der Erbeinsetzung eines fremden Sklaven. Der Zweck ist, den Sklaven seinem Herrn lieb und wert zu machen und den Herrn zum Behalten des Sklaven und guter Behandlung anzuspornen. Auf die Erklärung des Sklaven als solchen aber kommt nichts an; sie ist nur eine äußerliche Wirkung des Umstandes, daß die Erwerbsmöglichkeit an die Person des Sklaven geknüpft ist. Dem Sklaven kann ja der Antritt ganz gleichgültig sein. Schulz hat unterlassen, l. 8 § 1 eod. zur Kenntnis zu nehmen, wo sich zeigt, daß auf die selbständige Entschließung eines impubes in alterius potestate nichts ankommt.

Zu der Lehre Franz Haymanns über angeblich nachklassischen Ursprung des periculum emtoris, die bei Sohm, Institutionen 17. Aufl. S. 427 Anm. 8 bereits für bare Münze genommen wird (s. aber daselbst Wengers Hinweis auf die besonnene Zurückhaltung Rabels), vgl. das vernichtende Referat von Seckel, Sitzungsber. d. Preuß. Akad. d. Wiss., Phil.-hist. Kl., 1923, S. 149.

Zu dem Interpolationentreiben der Gegenwart vgl. ferner: Henle, Mark gleich Mark? S. 3 Anm. 1; Zitelmann, Selbstdarstellung S. 18 f.; Oert-

metus im Ergebnis nahezu festgelegt durch den Satz des römischen Rechts, daß nur die Furcht vor einer maior malitas einen metus im Rechtssinne ausmache. Erforderlich war die Bedrohung mit einem schweren Übel, insbesondere mit Tötung, Geißelung, Freiheitsberaubung; diese Bedrohung eines hohen Lebensgutes feiert soeben in § 306 des Strafgesetzentwurfes als „gefährliche" Drohung ihre Auferstehung. Alle minores malitates wie insbesondere Klage oder Kündigung schieden damit in jedem Falle aus; und bei Drohung mit einer maior malitas lag es andrerseits fast ausnahmslos so, daß das Einschreiten wegen metus gerechtfertigt war. Wozu da noch näher fragen, was metum inferre als solches bedeutet?

Wissenschaftlich untadelig ist eine solche Einstellung freilich nicht. Es ist, wie wenn ein Zoologe den Storch seinem Wesen nach bezeichnen wollte als ein Tier mit rotem Schnabel und langen Beinen. Und wie solche Verleugnung der Strenge der Wissenschaft selten ungestraft bleibt, so auch hier. Zwei Entscheidungen der römischen Juristen lassen sich mit der Drohung als Inaussichtstellung eines Übels nicht bewältigen. Im Falle der Ausbedingung eines Entgelts für Rettung aus schwerer Gefahr lehrt Ulpian mit Pomponius, daß die Haftung aus dem prätorischen Edikt nicht eingreife (4, 2 D. l. 9 § 1); wiewohl doch schweres Übel bei Unterlassung der Rettung bevorsteht.[1]) Desgleichen läßt Paulus im Falle der Leistung einer undankbaren Freigelassenen an den Patron für Abstandnahme von der revocatio in servitutem das Edikt versagen (l. 21 pr. eod.); wiewohl doch der Verlust der Freiheit infolge Vorgehens des Patrons bevorsteht. Zwar hat man diese Entscheidung damit erklären wollen, daß der Patron nicht die Initiative ergriffen habe, sondern die Freigelassene von sich aus mit dem Anerbieten der Leistung an ihn herangetreten sei.[2]) Aber diese Lösung scheitert schon daran, daß in l. 7 § 1 eod. Ulpian und Pomponius dem ertappten Diebe oder Ehebrecher, und in l. 8 pr. eod. Paulus dem Ehebrecher der für Abstandnahme von der Anzeige etwas leistet, den Schutz des

---

mann, Rechtsbedingung S. 120 Anm. 1; Henle in Arch. f. d. zivil. Praxis N. F. Bd. 3 S. 253 o. — eine genügsame Entgegnung daselbst S. 382; Pringsheim verschließt sich vor dem einfachen Sachverhalt durch Herbeizauberung eines mandatum donationis causa; in Wahrheit ist die Abrede zwischen Gläubiger und solutionis causa adiectus auf Schenkung, nicht auf Mandat gerichtet, und die Perfektion der Schenkung liegt in der Leistung des Schuldners an den adiectus; was adstipulator und Vertrag zugunsten Dritter miteinander zu tun haben sollen, bleibt überhaupt unfaßlich —; Martin Wolff in Gruch. Beitr. Bd. 67 S. 579.

[1]) Vgl. Arthur Menge, Der Begriff der Widerrechtlichkeit bei der Drohung (Gött. Diss.), 1906, S. 54 f.

[2]) Kipp a. a. O. S. 419 Anm. u. Zit.; RG. Bd. 59 S. 352 u.

Ediktes zuteil werden lasse, ohne einer Initiative des Gegners irgendwie zu gedenken.[1])

Nicht unbemerkt wird von den Römern gelassen, daß eine an sich vorliegende Inaussichtstellung schweren Übels unantastbar bleiben kann, weil besondere Gründe entgegenstehen, die Drohung nicht „widerrechtlich" ist. Ulpian macht auf die vis quam magistratus recte intulit aufmerksam (l. 3 § 1 eod.).[2])

So stand die gemeinrechtliche Wissenschaft, als man daran ging, das BGB. zu schaffen. Die Dinge nahmen ihren vorgezeichneten Lauf. Über die Art der Rechtswirkung von Drohung bei Willenserklärungen machte man sich manches Kopfzerbrechen, über den Tatbestand so gut wie keines. Man nahm die Drohung in dem gewohnt gewordenen Halbdunkel hin als die Inaussichtstellung eines Übels. Man fügte bei, daß sie widerrechtlich sein müsse. Die positivrechtliche Schranke aber der maior malitas ließ man im Anschluß an die Partikulargesetzgebung fallen ....[3]). Keinem unter den Gesetzesverfassern kam zum Bewußtsein, daß man damit den Deich durchstoßen hatte, der bisher die minores malitates von der rechtserheblichen Drohung abgesperrt hatte. Nun mußten sie hemmungslos heranfluten. Wie man sich ihrer erwehrt hat, wird sich zeigen. Die Aufgabe aber liegt nach alledem offen zutage: der Grundgedanke des Ganzen, die Drohung als Inaussichtstellung eines Übels, ist zu untersuchen.

## II.

Wer ein Übel in Aussicht stellt, der erklärt etwas:[4]) Drohung ist Erklärung. Sicherlich keine rechtsgeschäftliche Willenserklärung[5]), aber doch eine Erklärung: eine Handlung, die einen Gedanken heraustreten läßt, wie z. B. die Mahnung, die Verzeihung. Demzufolge lassen sich auf die Drohung die Kategorien Inhalt und Gegenstand anwenden. Die Drohungserklärung ist zu erforschen ihrem Inhalte nach: die Inaussichtstellung von etwas, und ihrem Gegenstande nach: das Übel.

Inhaltlich sollte die Drohung ein Inaussichtstellen sein. Das erweist sich bei genauem Zusehen als unzulänglich. Ein Mordanfall, in dessen Verlauf der Angreifer sich besinnt und gegen eine Zahlung ablassen zu wollen erklärt, würde keine Drohung sein, weil ja das Übel nicht in

---

[1]) An diesen Stellen scheitert auch ohne weiteres die Auffassung von Horst Kollmann, Lehre v. d. Erpressung S. 92: selbstverschuldet ist die Lage des Diebes oder Ehebrechers ebenfalls.

[2]) Treffend Schliemann, Die Lehre vom Zwange 1861 S. 25 f.

[3]) „Die Unerheblichkeit des sog. metus reverentialis . . . versteht sich von selbst", sagen die Motive (Mugdan, Materialien I S. 467); während Schliemann a. a. O. sie auf das Erfordernis der maior malitas gegründet hatte.

[4]) So schon Schliemann a. a. O. S. 22 u., freilich ohne Verwertung.

[5]) A. M.: K. Klee, unten S. 18 Anm.

Aussicht gestellt wird, sondern bereits in Aussicht steht. Das darf natürlich nicht gelten.[1]) Also ist der Drohungsinhalt anders zu fassen. Der Drohende erklärt ein Vorhaben:[2]) und zwar erklärt er, daß er etwas zufügen, zumeist daß er einen Erfolg verursachen werde. In dieser Richtung hat sich die Wissenschaft auch bereits bewegt.[3]) Damit ist andrerseits der Fall des gewinnsüchtigen Retters bewältigt. Wer nur ein Unterlassen beobachten zu wollen erklärt, droht im allgemeinen nicht. Die Abhilfe, welche hier noch nottut, wird vom Wuchergesichtspunkt geleistet, nicht vom Drohungsgesichtspunkt. Anders jedoch, wo die scheinbare Unterlassung in Wahrheit Begehung ist. Der Bergführer, der an gefährlicher Stelle den Touristen seinem Schicksal überläßt, falls der Führerlohn nicht erhöht werde; der Arzt, der im Verlauf der Operation das Messer aus der Hand legt; die Möbeltransportarbeiter, die während des Ausladens das Umzugsgut auf die Straße stellen: sie alle drohen und machen sich der Erpressung schuldig. Hinzu kommt ein Unterlassen, das als solches gesetzlich verboten ist: das reine Unterlassungsdelikt.[4]) Aber wer im Laden Herabsetzung des Kaufpreises fordert mit dem Bemerken, andernfalls sei er das letztemal dagewesen, der handelt zwar nach Umständen sittlich anstößig, aber er droht nicht. Drohung mit erlaubtem Unterlassen ist keine Drohung.

Das trägt noch weiter. Die vielberufenen und -umstrittenen Fälle der Drohung mit Kündigung sind an dieser Stelle zu überwinden. Die Hausfrau ist schwer erkrankt und die Köchin benutzt die günstige Gelegenheit, um durch Hinweis auf ihr Kündigungsrecht eine unmäßige Lohnerhöhung durchzudrücken. Sicherlich eine scharf zu verurteilende Handlungsweise; aber Drohung? In manchen Gegenden Deutschlands ist es Gepflogenheit, die Dienstboten überhaupt nicht auf Kündigung, sondern auf fest begrenzte Zeit anzustellen: die Verlängerung des Dienstverhältnisses erfolgt nicht mangels Kündigung von selbst, sondern durch neue Absprache. Sollte dieser Unterschied in den Gepflogenheiten zur Folge haben, daß hier straflos bleibt, was dort ins Gefängnis führt? Wir Zivilrechtler dürfen uns wohl an dem Gedankengebäude eines subjektiven Rechts zur Kündigung, eines „Rechts des rechtlichen Könnens" oder „Gestaltungsrechts", ergötzen; aber wir dürfen nicht auf Grund unserer Konstruktionen Menschen zur Bestrafung überliefern, die sich nicht ärger gegen das Sittengesetz vergangen haben als andere, die davonkommen. Der Sache nach ist Kündigung die Nichtfortsetzung des von vornherein nur auf Zeit angelegten Dienstverhältnisses. Der Dienstverpflichtete, der zu

---

[1]) Schliemann a. a. O. S. 23 Anm. 10.
[2]) Henle, Ehescheidung in gegenseitigem Einverständnis S. 11 u. Zit.
[3]) Enneccerus, Lehrb. 9. Bearb. § 161 I, 1; v. Tuhr, Allg. Teil II, 1 S. 611. In der gemeinrechtlichen Wissenschaft schon Schliemann a. a. O. S. 22 ff.
[4]) Vgl. Wachenfeld, Lehrb. d. d. Strafr. S. 96 f.

kündigen droht, droht mit Unterlassung der Weiterarbeit: droht nicht. Das gilt ebenso im Falle der Streikandrohung seitens der Arbeiter, die von einer unter hohe Vertragsstrafe gestellten eiligen Bestellung bei ihrer Fabrik Wind bekommen haben und Lohnerhöhung fordern. Die Abhilfe ist wiederum dem Wuchergesichtspunkt zu überlassen.[1]) Das Entsprechende gilt von einer Androhung der Aussperrung. Überall war natürlich nur von wahrer Kündigung gesprochen: Drohung mit Vertragsbruch würde zur Begehung durch Unterlassung zurückführen und die Strenge des Gesetzes heraufbeschwören. Aber Fragen wie die, warum eine Kündigung des Vermieters mangels höherer Miete, oder eine Kündigung des Mieters mangels Setzung eines neuen Ofens keine Erpressung sei, können nicht mehr quälen. Und eine Kündigung, falls der Gegner nicht einen Erbvertrag schließe [2]), oder falls er nicht den bereits verfallenen Mietzins ermäßige [3]), mögen hinfort nicht mehr wegen Drohung beanstandet werden. Anders liegt es, wenn eine Zeitgrenze überhaupt nicht im Gesichtskreise war. Sollten wirklich, wie die Zeitung unter dem 29. Mai 1909 aus N. berichtete, die Meister der Malerinnung in der Innungsversammlung ihren Austritt aus der Landeskirche beschlossen haben, falls ihnen nicht die Malerarbeiten für die St. Sixtikirche zu N. vom Kirchenvorstande oder vom Konsistorium übertragen werden, so würde ein solches Vorgehen allerdings nicht nur sittlich aufs schärfste zu verurteilen, sondern auch rechtlich als Erpressungsversuch strafwürdig gewesen sein.

Mit der Erklärung, daß man dem Anderen etwas zufügen werde, ist indessen das inhaltliche Wesen unserer Drohung noch nicht erschöpft. Sonst könnte, wer auf vernommene Angriffsabsichten hin sich eine Waffe zur Verteidigung gekauft hat, hernach diesen Kauf anfechten, was bei dem Verkäufer ein begreifliches Befremden wecken würde. Es fehlt noch die Tendenz auf seiten des Drohenden, mit seiner Drohung gerade die Willenserklärung zu erzwingen. § 123 läßt hier mit seinem Wortlaut im Stich [4]); treffender redeten die Römer von adhibere (metum). Man hat, um das Fehlende zu finden, auf das subjektive Element zurückgegriffen: der Drohende müsse die Absicht gehabt haben, die Willenserklärung zu erzwingen.[5]) Aber das ist eine Verwischung des Tatbestandes. Um das zu halten, müßte zuvor bereits ein Verschulden des

---

[1]) Im Ergebnis ebenso Engelhard a. a. O. S. 429. Vgl. ferner Krückmann in Arch. f. d. zivil. Praxis Bd. 113 S. 201, andrerseits freilich S. 243, 326.

[2]) Für Anfechtbarkeit: Kipp a. a. O. S. 420.

[3]) Für Anfechtbarkeit: Oertmann, Komm. I S. 387.

[4]) A. M.: Enneccerus a. a. O. 2. Aber die Worte „durch . . . bestimmt" betreffen nur das Kausalitätsverhältnis zwischen Drohung und Willenserklärung (vgl. Enneccerus selbst a. a. O. 3).

[5]) Planck in Gött. Festg. f. Regelsberger S. 179; Enneccerus a. a. O. 2; anscheinend auch RG. Bd. 104 S. 80.

Drohenden, Kenntnis von dem Drohungsgehalt seines Benehmens, gefordert werden.[1]) Dazu berechtigt das BGB. mit keinem Worte. Man sollte nicht bezweifeln, daß in dem Anbetteln seitens eines gefährlich aussehenden Mannes an einsamer Stelle im Walde eine Drohung enthalten ist, welche die Gabe des ängstlichen Angebettelten anfechtbar macht[2]); war der Bettler ein harmloser Arbeitsloser, so hat das nur die Bedeutung, ihn wegen seines Irrtums über die objektive Wirkung seines Handelns vor Strafe zu schützen. Das BGB. fordert kein Verschulden bei der Drohung. So kann aber auch keinerlei Absicht des Drohenden für den Bestand der Drohung entscheidend sein. Vielmehr ist dem Ausgangspunkte treu zu bleiben: in der Erklärung des Drohenden muß das Abzielen auf die Willenserklärung gefunden werden.[3]) Hier stellen manche, unter ihnen das Reichsgericht, die Anforderung: es müsse die Initiative zur Abgabe der Willenserklärung von dem Drohenden ausgegangen sein.[4]) Aber die Römer wußten, wie dargelegt, von solchen Erfordernisse nichts, und sie behalten Recht. Die Lehre von der Initiative züchtet die Heuchelei und bevorzugt den Abgefeimten vor dem Täppischen. A hat von einem Sittlichkeitsverbrechen des B erfahren und will es zur Anzeige bringen; B kommt und bietet 1000 M., wenn A seine Absicht aufgebe; dem A sind 1000 M. zu wenig, er will 10 000 M. Sagt er das, so geht die Initiative auf ihn über und man kann ihn fassen; zuckt er die Achseln, so bleibt die Initiative beim Gegner, und das Reichsgericht wagt nicht zuzugreifen. Das sind unhaltbare Ergebnisse. In Wahrheit stellt sich der Drohende eben durch die Annahme des Geldes auf den Standpunkt, der allein entscheidet. Bietet der Angefallene dem Raufbolde Geld, so liegt Drohung des Raufboldes vor, sobald er darauf eingeht. Das inhaltliche Wesen der Drohung liegt in der Erklärung, daß man dem Anderen etwas antun werde, falls er nicht die Willenserklärung abgebe. Nicht Initiative, sondern Alternative ist das Entscheidende. Eng verwandt sind Drohung und Verheißung. Verheißung ist die Erklärung, Gutes zu tun, falls der zu Belohnende der Forderung des Verheißenden nachkomme. Drohung ist die Erklärung, Übles zu tun, falls der Bedrohte der Forderung des Drohenden nicht nachkomme.

---

1) Dafür: v. Blume in Iher. Jahrb. Bd. 38 S. 228 ff.; Hauser das. Bd. 65 S. 23 ff.

2) Nicht einleuchtend Planck-Flad, Komm. I 4. Aufl. S. 301 u. 304 u.

3) Vgl. hier den sehr treffenden Einspruch von Manigk in Jur. Wochenschr. 1924 S. 1589 Sp. 2 Anm. Mitte.

4) Vgl. v. Blume a. a. O. S. 231 f.; Hölder, Komm. S. 272; F. Leonhard, Bürg. R. S. 32 Mitte. A. M.: Enneccerus a. a. O. Anm. 4 u. Zit.; Engelhard a. a. O. S. 441; Klee, Erpressungsbegriff S. 27 f.; v. Tuhr a. a. O. S. 611.

Aber die Erklärung, „Übles“ zu tun, bedarf der Erörterung: nach der Prüfung des Inhalts der Drohung ist der Gegenstand der Drohung zu untersuchen. Was ist unter dem Übel zu verstehen?

## III.

Hier hatte der Deich der maior malitas den Anprall der Flut von Alltagsdrohungen gehemmt, und die Verfasser des BGB. hatten ihn durchstoßen. Der Aufgabe aber, die Flut durch Herausarbeitung des Drohungsbegriffes abzuleiten, hat die Wissenschaft des neuen Rechts sich nicht gewachsen gezeigt: zu sehr hatte die Gewöhnung an das Halbdunkel der „Inaussichtstellung eines Übels“ den Blick getrübt. „Übel“ ward gleichgesetzt mit Nachteil irgendwelcher Art.

Daher blieb denn nichts übrig, als einen neuen Deich anstelle des alten zu errichten: den Platz der maior malitas nahm das „widerrechtlich“ ein. Die bürgerlichrechtliche Lehre von der Drohung ist in der Hauptsache entwickelt an dem Erfordernisse der Widerrechtlichkeit. Wie man die Lehre auch ausgestaltete: ob man das letzthin Entscheidende in einem Verstoß gegen die guten Sitten fand, oder ob man unter dem Gesichtspunkte der Rechtsausübung die Klagdrohung zu bergen unternahm, immer suchte man Schutz hinter dem Deiche der Widerrechtlichkeit.

Aber dieser neue Deich ist noch untauglicher als der alte: er ist brüchig. Die Bedeutung des „widerrechtlich“ im BGB. ist eine zweifache. Entweder wird an einen in sich abgeschlossenen Handlungstatbestand das „widerrechtlich“ nach Art einer Rechtswirkung geknüpft. So ist es in § 858 Abs. 1: „Wer dem Besitzer ohne dessen Willen den Besitz entzieht, oder ihn im Besitze stört, handelt, sofern nicht das Gesetz die Entziehung oder die Störung gestattet, widerrechtlich.“ Das „widerrechtlich“ bedeutet hier: die Besitzverletzung ist verboten, sie soll nicht sein. Oder aber das „widerrechtlich“ tritt in dem Tatbestand selbst auf. So ist es vor allem in § 823 Abs. 1: „Wer ... das Leben, den Körper, die Gesundheit, die Freiheit, das Eigentum oder ein sonstiges Recht eines anderen widerrechtlich verletzt ....“ Da bedeutet das „widerrechtlich“ nichts anderes, als was § 858 Abs. 1 mit den Worten sagte: „sofern nicht das Gesetz die Entziehung oder die Störung gestattet.“ Das „widerrechtlich“ hat hier keine positive, sondern nur eine negative Funktion. Tötung, Körperverletzung usw. sind an sich verboten. Das sagt schon das StGB. zur Genüge. In dem „widerrechtlich“ ist es nicht erst enthalten. Das „widerrechtlich“ weist lediglich gewissenhafterweise darauf hin, daß für besondere Fälle anderswo im öffentlichen oder privaten Recht die Tötung, die Körperverletzung usw. erlaubt[1]) oder gar geboten ist. Dies und nichts

---

[1]) Insbes. Zitelmann in Arch. f. d. zivil. Praxis Bd. 99 S. 2 ff.

anderes ist auch die Bedeutung des „widerrechtlich" in § 123 Abs. 1 BGB. Drohung ist in weitem Umfange schon durch das StGB. verboten (§§ 240, 241, 253); auch im übrigen erhellt nunmehr aus dem Bau des § 123 im Vergleich mit § 823, daß die Drohung an sich verboten ist. § 123 bestimmt sodann, daß eine durch Drohung erwirkte Willenserklärung anfechtbar ist, es sei denn, daß die Drohung ausnahmsweise erlaubt sei.[1]) Mögen allerdings privatrechtliche Gründe für den Ausschluß der Widerrechtlichkeit (Einwilligung des Bedrohten, Abwehr von Unrecht oder Gefahr) nicht leicht zu § 123 gedacht werden können [2]), so kann doch Beamtenpflicht oder Erziehungspflicht [3]) sehr wohl dahin führen, erlaubterweise die Abgabe einer Willenserklärung durch Drohung zu erwirken. Das „widerrechtlich" besagt also dasselbe, worauf die Römer bereits aufmerksam wurden: vis quam magistratus recte intulit! Man lese § 123 mit der richtigen Betonung: „Wer zur Abgabe einer Willenserklärung (widerrechtlich) durch Drohung bestimmt worden ist, kann die Erklärung anfechten."

Und nun frage man sich, ob ein solcher im Grunde selbstverständlicher und überflüssiger Hinweis auf anderweitige Bestimmungen der Rechtsordnung imstande ist, die Hochflut der minores malitates abzuhalten. Man kann sagen: Tötung ist verboten, ausgenommen besondere Fälle wie z. B. Hinrichtung des Verbrechers seitens des Scharfrichters. Man kann aber nicht sagen: Drohung ist verboten, ausgenommen besondere Fälle wie z. B. wenn sie nicht gegen die guten Sitten verstößt! oder: wenn der Gläubiger dem Schuldner mit Klage droht! Das richtet sich selbst.[4]) Ebensogut könnte man sagen, der Mensch sei im allgemeinen

---

[1]) Vgl. Planck in Festg. f. Regelsberger S. 159 ff.; Oertmann a. a. O. S. 385. A. M.: v. Blume a. a. O. S. 245; Enneccerus a. a. O. Anm. 13; Menge a. a. O. S. 36 ff.

[2]) Man glaubt, § 229 BGB. anführen zu können (Planck a. a. O. S. 168, Oertmann a. a. O.). Allerdings darf der Gastwirt den Zechpreller mit Wegnahme des Mantels bedrohen, aber nicht zwecks Begleichung der Rechnung, sondern nur zwecks Hergabe etwa gerade des Mantels oder aber von Geld zur Sicherung. § 230 gilt auch für Geld (nicht dagegen Oertmann S. 674, 2 a $\gamma$). Die Selbsthilfe soll eben nur eine einstweilige sein, der die Anrufung des Staates nachfolgt. Wenn Planck bemerkt, daß durch die Erfüllung des Anspruchs die Gefahr beseitigt werde, so wird die Gefahr auch schon durch die einstweiligen Maßnahmen des § 230 beseitigt, und nur diese sind erlaubt. Übergibt der Schuldner den Besitz an dem zur Sicherung nötigen Gelde, so darf man nicht mehr mit Wegnahme des Mantels drohen, um die Erfüllungswillenserklärung zu erlangen.

[3]) Vgl. hier die 2. Kommission: Mugdan, Mater. V S. 542.

[4]) Daher sprengt Planck hernach (unten S. 13 bei Anm. 2) in Wahrheit den von ihm aufgestellten Rahmen: das Zustehen eines subjektiven Rechts ist kein „einzelner Fall" mehr. Oertmann vollends kann zu seiner eigentlichen Lehre nur mit Gewalt gelangen: seine Frage a. a. O., worauf sich die Rechtmäßigkeit des Verhaltens beziehen müsse, hat keinen Boden.

männlichen Geschlechtes, ausgenommen den besonderen Fall, daß er weiblichen Geschlechtes sei.

Doch vielleicht ist hinter dem vermeintlich schützenden Deiche dennoch die nötige Arbeit ausgeführt worden. Was für Ansichten sind der Sache nach unter dem Zeichen des „widerrechtlich" aufgestellt worden?

Die meisten begnügen sich, von brauchbaren Einzelausführungen — wie der Klarstellung, daß Drohung mit Verbotenem widerrechtlich sei — abgesehen, mit einer Generalklausel. Unter ihnen steht wieder im Vordergrunde die Ansicht: die Drohung sei dann widerrechtlich, wenn sie gegen die guten Sitten verstoße.[1]) Aber diese Antwort ist keine Antwort: sie schickt den Fragenden von Pontius zu Pilatus. Und ist die Verweisung auf die guten Sitten für die Anfechtbarkeit wegen Drohung eine kümmerliche Ausflucht, so wird sie angesichts der Strafbarkeit wegen Erpressung zu einer verderblichen Zertrümmerung der Grundlage unseres Strafrechts. Den ernsten Worten, mit denen ein scharfsichtiger Kriminalist [2]) diesem Beginnen entgegengetreten ist, braucht keines hinzugefügt zu werden. Eine andere Ansicht geht dahin: die Drohung sei widerrechtlich, wenn sie rechtlich mißbilligt sei. So erklärt das führende Lehrbuch des bürgerlichen Rechts für maßgebend, ob „ein unerlaubter Eingriff in die Rechtssphäre des Bedrohten" bewirkt werde.[3]) Diese Ansicht schickt den Fragenden nicht von Pontius zu Pilatus, sondern von Pontius zu Pontius. Endlich gibt es auch eine dritte Ansicht: die Drohung sei widerrechtlich, wenn sie entweder unerlaubt oder sittenwidrig sei.[4]) Diese Ansicht schickt von Pontius entweder zu Pontius oder zu Pilatus....

Wenden wir uns zu den Lehren, die es unternehmen, den Tatbestand wirklich zu erforschen. Hier lassen sich in der Hauptsache wiederum drei Meinungen unterscheiden. Teils legt man entscheidendes Gewicht auf den Zweck der Drohung und lehrt, daß der Drohende ein Recht auf die Abgabe der Willenserklärung haben müsse: andernfalls sei die Drohung widerrechtlich.[5]) Diese Lehre steht Schulter an Schulter mit der strafrechtlichen Lehre vom rechtswidrigen Vermögensvorteil bei der Erpressung. Aber die Lehre ist von unerträglicher Strenge und kann von ihrem Vorkämpfer selbst nur mittels Anleihen bei den gemeinrechtlichen

---

[1]) Biermann, Bürg. R. S. 253 f.; v. Blume a. a. O. S. 257 f.; Cosack, Lehrb. 7. Aufl. § 100 I, 2; Dernburg, D. bürgel. R. I 3. Aufl. S. 497; Endemann, Lehrb. 8. Aufl. I S. 360; Hölder a. a. O. S. 274; Menge a. a. O. S. 64; Staudinger-Riezler, Komm. 7./8. Aufl. I S. 478; v. Tuhr a. a. O. S. 614.

[2]) Engelhard, Chantage-Problem S. 45 ff.; zustimmend Krückmann a. a. O. S. 250, vgl. freilich S. 216.

[3]) Enneccerus a. a. O. II, 2. Ferner Crome, System I S. 432; Matthiaß, Lehrb. 6. Aufl. S. 115 f.; Rehbein, Komm. I S. 144.

[4]) Planck-Flad a. a. O. S. 303 f.

[5]) Kipp a. a. O. S. 420.

Anschauungen aufrecht erhalten werden, für welche keine Deckung vorhanden ist.[1]) Umgekehrt betonte Planck das Mittel der Drohung und lehrte, daß die Drohung mit Ausübung eines besonderen subjektiven Rechts nicht widerrechtlich sei: der Berechtigte allein habe darüber zu entscheiden, ob, wann und in welcher Art er sein Recht ausüben wolle.[2]) Aber auch diese Lehre ist nicht zu ertragen. Danach würde es anfechtbar bleiben, wenn der Betrogene den Betrüger durch Drohung mit Strafanzeige nötigt, in eine vollstreckbare Urkunde über seine Schuld zu willigen: ein vom Reichsgericht[3]) mit Recht zurückgewiesenes Ergebnis. Überdies ist die Grundlage der Planckschen Lehre nicht tragfähig: Drohung mit Rechtsausübung ist etwas anderes als die Rechtsausübung selbst.[4])

Am gewichtigsten erscheint eine dritte Lehre, wonach das maßgebliche Element in einem Zusammenhange zwischen der abzugebenden Willenserklärung und dem zuzufügenden Übel, zwischen Zweck und Mittel zu suchen sei. Für diese Auffassung ist besonders Oertmann eingetreten: er fordert einen „adäquaten" Zusammenhang.[5]) Zu dieser Lehre steht das „widerrechtlich" kaum mehr in einer inneren Beziehung: es spielt nur noch die Rolle eines Freibriefs, der es für Wissenschaft und Praxis ermöglicht, den Tatbestand der Anfechtbarkeit einzuengen. Daher kann es nicht wundernehmen, daß entsprechende Anschauungen auch auf kriminalistischer Seite zu § 253 StGB. aufgetreten sind, obwohl hier kein „widerrechtlich" sich zur Benutzung darbietet, sondern bei der „Drohung" selbst eingesetzt werden muß. So folgert vorzugsweise Frank[6]) aus der Natur der Erpressung als eines Freiheitsdelikts und ihrer Beziehung zum bürgerlichen Recht, das Gesetz wolle nur vor „abnormen" Freiheitsbeeinträchtigungen schützen. Die Androhung eines „verkehrs-

---

[1]) Der „Zwangslage" in § 124 Abs. 2 BGB. usw. (Kipp a. a. O. und III S. 248; Enneccerus a. a. O. I, 4; Wolff-Enneccerus-Kipp, Lehrb. (II, 2) § 25 II) läßt sich kein selbständiger Gehalt einflößen. Vgl. auch Heinr. Lehmann, Allg. Teil 2. Aufl. S. 180.

[2]) in Festg. f. Regelsberger S. 169 ff.

[3]) Bd. 102 S. 313 f.

[4]) Menge a. a. O. S. 43 u. ff.

[5]) a. a. O. S. 387. Oertmann meint: Mittel und Erfolg müssen „in einem solchen Verhältnis stehen, daß die Anwendung dieser Mittel zur Herbeiführung gerade dieses Erfolges nach der Rechtsordnung adäquat sei, d. h. daß diese das Mittel dazu ausdrücklich gewährt . . . oder doch als selbstverständlich zulässig erkennbar unterstellt hat, so bei allen an sich erlaubten Mitteln, die einerseits nur zur Erlangung günstiger Vertragsbedingungen dienen sollen, und bei denen andererseits zwischen dem Inhalt der Androhung und dem durch sie erzwungenen rechtlichen Vorteil ein solcher Zusammenhang besteht, daß nach Treu und Glauben mit Rücksicht auf die Verkehrsanschauung die Drohung zu seiner Erlangung als statthaftes, angemessenes Mittel erscheint". Vgl. ferner Landsberg, Recht d. BGB. S. 194 f. (insbes. 195 Anm. 1); H. Lehmann a. a. O.

[6]) Komm. zum StGB. 15. Aufl., zu § 253 II, 2.

mäßigen" Übels, d. h. eines solchen, mit dessen Zufügung der Bedrohte ohnehin nach den Regeln des normalen Verkehrs rechnen müsse, falle nicht unter das Verbot des § 253. Die Frage nach der Verkehrsmäßigkeit eines Übels könne „immer nur im Zusammenhang mit einer bestimmten Entschließung aufgeworfen und beantwortet werden." Frank bleibt indessen im Zweifel, ob die Verkehrsmäßigkeit des Übels der einzige Grund sei, der seine Androhung aus dem Gebiete der Erpressung ausscheide. Mit mehr Entschiedenheit spricht Engelhard.[1]) Er räumt ein, daß die verfochtenen Kriterien „jeglicher dogmatischer Ableitung entbehren". Aber eine uneingeschränkte Anwendung des Drohungsbegriffes habe der Gesetzgeber zweifellos nicht gewollt. Der Grund der Strafwürdigkeit könne nur in der Beziehung von Zweck und Mittel liegen. Er liege in dem Hineintragen des wirtschaftlichen Moments in eine nichtwirtschaftliche Situation. Engelhard formuliert: „Drohung im Sinne des § 253 liegt nur dann vor, wenn die Abwendung des in Aussicht gestellten Übels durch Zuwendung des erstrebten Vermögensvorteils dem Wesen des Übels nicht entspricht" („Kriterium des „wesentlichen Zusammenhangs" oder der „Relation" ").

Aber auch diese Zusammenhangstheorien sind viel zu ungreifbar, um der Rechtsunsicherheit in der Frage der Anfechtbarkeit und der Volksgefahr in der Frage der Strafbarkeit zu steuern. Während meiner Rechtsanwaltstätigkeit in O. ereignete sich folgendes. Ein Kaufmann hatte seinen Kommis auf einer Urkundenfälschung ertappt. Dabei hatte sich herausgestellt, daß der Kommis seinen Prinzipal bereits mehrfach durch Aufstellung erdichteter Reisespesen geschädigt hatte. Der Vater des Missetäters hatte den Kaufmann aufgesucht und gebeten, von einer Anzeige wegen der Urkundenfälschung abzusehen; er werde den erwachsenen Schaden ersetzen. Der Kaufmann hatte darauf dem Vater von den Betrugsfällen Mitteilung gemacht; aber aus Besorgnis, sich strafbar zu machen, nicht gewagt, auch dafür Ersatz zu verlangen; sondern den Vater mit dem Versprechen schriftlichen Bescheides entlassen. Nun wünschte er Rat. Er war nicht gesonnen, sich die Anzeige entwinden und sich hernach von dem Betrüger noch auslachen zu lassen; andrerseits war ihm an der Anzeige als solcher nichts gelegen. Ich diktierte folgenden Brief an den Vater: „Teile Ihnen mit, daß ich von einer Anzeige gegen Ihren Sohn nur dann absehen kann, wenn Ihr Sohn[2]) mir die Spesen ersetzt." Der Vater zahlte. Zwei Jahre später erhielt ich in G. eine Vorladung als Zeuge: gegen meinen Klienten war ein Verfahren wegen Erpressung eingeleitet worden. Mehrere Wochen hindurch genoß ich die Aussicht, zu meiner Anwaltstätigkeit in O. durch Erscheinen als Zeuge oder Mit-

[1]) Ztschr. a. a. O. S. 426 f.; Chantage-Problem S. 51 ff.
[2]) Man hätte auch schreiben können: „wenn Sie mir die Spesen ersetzen".

angeklagter in einem Strafverfahren wegen Erpressung ein wenig anmutendes Nachspiel geben zu können. Die Sache ist dann von der Staatsanwaltschaft eingestellt worden.

Daß weder mein Klient noch ich in das Gefängnis gehörten, bezweifle ich heute so wenig wie damals. Das Reichsgericht hat seinerzeit darauf hingewiesen, daß eine Grenze zwischen Erpressung und „Paktieren" gewahrt werden müsse.[1]) Wie aber die Dinge nach wie vor liegen, muß Kohler[2]) recht behalten, daß „ein jeder schließlich zur Memme wird, weil er bei energischem Auftreten eine Erpressungsklage zu gewärtigen hat." Ist jedes Übel geeignet, den Tatbestand der Drohung zu erfüllen, so bringt § 253 mich ins Gefängnis, denn einen Anspruch auf die Leistung des Vaters hatte mein Klient nicht. Und § 306 des Entwurfs läßt abermals im Stich: die Drohung, den Sohn anzuzeigen, ist eine „gefährliche"; die Ersatzleistung ist „für das Vermögen" des genötigten Vaters „nachteilig"; und die Absicht, sich „unrechtmäßig zu bereichern", führt über den „rechtswidrigen Vermögensvorteil" des § 253 oder gar über eine hilflose Verweisung auf das bürgerliche Recht nicht hinaus. Alles mündet immer wieder hinaus auf die „Drohung" und die hierüber aufgestellten Lehren. Daß da eine Generalklausel keine Beruhigung geben kann, braucht nicht wiederholt zu werden; erwähnt sei nur, daß der Plancksche Kommentar mich schlankweg ins Gefängnis liefert, wenn er sagt: „Wird mit der Strafanzeige gedroht, um diesen Schadensersatz von einem anderen als dem Schädiger z. B. von dessen Ehegatten oder einem nahen Verwandten zu erlangen, ... so kann ... aus § 123 angefochten werden."[3]) Schutz kann ich nur bei den Zusammenhangstheorien finden. Aber wer steht dafür, daß der Richter den Zusammenhang zwischen der Strafanzeige gegen den Sohn und der Zahlung des Vaters als „adäquat", als „verkehrsmäßig" ansehen wird? Ist es adäquat oder verkehrsmäßig, wenn der Gläubiger des Ehemanns gegenüber der Ehefrau mit Konkursantrag droht, falls sie nicht für ihren Mann Zahlung leiste? oder mit Kündigung des Darlehns, falls sie nicht Bürgschaft leiste? Engelhard freilich gibt eine bestimmte Antwort, die vor dem Gefängnisse bewahren würde.[4]) Aber wer steht wieder dafür, daß der Richter die Lehre vom „wesentlichen Zusammenhang" so, wie Engelhard will, aufnimmt: daß er nicht sagt, die Situation sei dem Vater gegenüber keine wirtschaftliche, sondern nur dem Sohne gegenüber? Im Wege bleibt ferner, daß Engelhards Lehre wie alle anderen „jeglicher dogmatischer Ableitung" und so der einleuchtenden Wirkung

[1]) in Strafsachen Bd. 21 S. 118.

[2]) in Arch. f. Rechts- u. Wirtschaftsphilos. Bd. 6 S. 278.

[3]) a. a. O. S. 303. Auch Rehbein a. a. O. S. 146 Mitte. Vgl. ferner RG. in Gruch. Beitr. Bd. 27 S. 736 f. (preuß. Recht); weitere Entsch. bei Josef in Ztschr. f. Rechtspfl. in Bay. Bd. 21 S. 61 f.

[4]) Chantage-Problem S. 77, Ztschr. a. a. O. S. 434.

entbehrt[1]). Darüber hinaus wird ihre Überzeugungskraft auch dadurch gehemmt, daß sie, auf die Erpressung eingestellt, den überschießenden Teil des Problems ungelöst stehen läßt[2]).

Vielmehr ist denn auch überhaupt zu leugnen, daß der Gedanke von einem Zusammenhang zwischen Vermögensvorteil oder Willenserklärung einerseits und dem angedrohten Übel andrerseits der Weisheit letzter Schluß sei. A liebt die B; und A hat einen Hund, den die B leidenschaftlich liebt, während die B den A selbst keineswegs liebt. A möchte den Hund nach auswärts verschenken. Da hört er von der Vorliebe der B für den Hund. Er begibt sich zu der B und sagt: „Heiraten Sie mich, dann behalte ich den Hund." Die B heiratet den A. Ist die Ehe anfechtbar? Doch wir brauchen nicht mit dem Beispiel auf den Hund zu kommen. Menge erklärt eine Ehe für anfechtbar, wenn „die Braut den Bräutigam, der bei ihr in Schulden steht und diese nicht bezahlen kann, durch die Drohung, Antrag auf Konkurseröffnung zu stellen, zur Eheschließung bestimmt" [3]). Und der Fall läßt sich sogar dahin erweitern, daß Gläubigerin und Schuldner noch garnicht verlobt waren. Überall muß folgerichtig jede Zusammenhangstheorie die Anfechtbarkeit bejahen: denn irgendein Zusammenhang zwischen Hund oder Konkurs einerseits, Eheschließung andrerseits besteht nicht. Anfechtbarkeit der Eheschließung wegen Androhung der Weggabe des Hundes? Doch das Schlimmste bleibt jene Volksgefahr der Strafbarkeit wegen Erpressung. Ist keine wahre Abhilfe möglich?

## IV.

Die Drohung hatte sich gezeigt als die Erklärung, daß man dem Bedrohten, falls er nicht sich dem Ansinnen füge, etwas antun werde. Worin besteht dieses Etwas? sollte es nicht gelingen, dem Leben abzulauschen, wann es in einem engeren und recht eigentlichen Sinne von „Drohung" spricht? und auf diesem Wege aus der allgemeinen „Androhung[4]) die Drohung im Rechtssinne zu gewinnen?[5])

D r o h u n g! Dabei erhebt sich die Vorstellung von etwas Beengendem, Bedrückendem, Beklemmendem, Beängstigendem. Es legt sich etwas

---

[1]) Vgl. auch Lassally im „Gerichtssaal" Bd. 89 S. 343.

[2]) Chantage-Problem S. 55, 123 ff.

[3]) a. a. O. S. 60 f. Auch Wolff a. a. O.

[4]) Z. B. § 384 BGB.

[5]) Zu erforschen ist das W e s e n der Drohung: wie überhaupt die Aufgabe der Rechtswissenschaft „das Streben nach geordneter wahrer Erkenntnis des W e s e n s der Rechtsdinge" ist (Henle in Arch. f. d. zivil. Praxis N. F. Bd. 3 S. 250). Dieses Streben wird sie niemals aufgeben, mag es auch von einem unberufenen Vielschreibertum immer wieder als „Begriffsjurisprudenz" verschrieen werden.

auf den Bedrohten, schnürt die Brust zusammen, läßt den Atem stocken, verwirrt die ruhige Überlegung. Er fürchtet sich vor dem Drohenden. An dem Zeichen für Drohung in der Gebärdensprache: Schütteln der rechten Hand mit erhobenem Zeigefinger, läßt sich veranschaulichen, was in Rede steht. Ein wirkliches Quos ego! muß von dem Drohenden ausgehen.

So liegt es bei der Bedrohung mit Tötung und überhaupt bei jeder Drohung mit schwerer Freveltat. Ja darüber hinaus bleibt bei Bestand, daß Drohung stets gegeben ist, wenn der Drohende etwas Verbotenes androht. Wer die Vorschriften der staatlichen Gesamtheit zu verletzen bereit ist, einen Bruch der Rechtsordnung nicht scheut, vor dem mag man sich wohl fürchten. Dabei ist es gleichgültig, ob die Rechtswidrigkeit eine strafbare ist, oder welcher Gruppe von strafbaren Handlungen sie angehört. Die Drohung mit Begehung groben Unfugs ist Drohung: wer ein junges Ehepaar damit ängstigt, daß er ihm in einer Nacht alle Hebammen der Stadt zuschicken werde, droht; Androhung von Tierquälerei ist Drohung.[1]) Und jede Erklärung, daß man mangels Gefügigkeit des Anderen Vertragsbruch begehen werde, ist zynischer Hohn auf das Recht und ist Drohung. Erpresser bleibt, wer mangels Lohnerhöhung aus dem Dienst entlaufen oder unter Bruch des Arbeitsvertrages in den Streik treten will.

Wie aber bei Androhung von Nichtverbotenem? Klar ist ohne weiteres, daß die Klagandrohung gegenüber dem säumigen Schuldner der obigen Zeichnung nicht entspricht. Auf die „Drohung" mit der Klage bekommt ein irgend hartgesottener Schuldner gewiß keinen roten Kopf; im Gegenteil je mehr der Gläubiger sich aufregt, umso vergnügter wird der Schuldner erwidern: „Ich kann mir lebhaft denken, daß Sie klagen wollen, wenn ich Sie nicht bezahle; das macht auf mich nicht den geringsten Eindruck". Unzweifelhaft gibt es aber auch Fälle der Androhung eines erlaubten Handelns, in denen der Bedrohte nahezu ebenso zusammenzuckt wie angesichts einer Todesdrohung: so vor allem, wenn der Mitwisser eines Fehltritts erscheint und unter Drohung mit Anzeige Geld heischt. Wo liegt die Grenze?

Ein neuer Durchblick eröffnet sich, wenn man das Zweckgefüge auf seiten des Drohenden prüft, wie — objektiv-subjektiv — es bei der oben vorangeschickten Androhung von Verbotenem zutagetritt Dies zeigt sich wiederum am deutlichsten, wenn man die Überlegung des Bedrohten betrachtet, aus welcher heraus er sich dem Ansinnen des Drohenden unterwirft. Der Bedrohte gibt nach, um die Ausführung der Drohung zu vermeiden: er rechnet auf die Unterlassung der Verwirk-

[1]) Den Regulator bildet das Erfordernis eines Kausalverhältnisses zwischen Drohung und Willenserklärung. Vgl. v. Tuhr a. a. O. S. 612 u. f.; Wachenfeld a. a. O. S. 398 u. f.

lichung des Übels. Diese Berechnung bedarf eines Grundes. Der Grund liegt aber gewiß nicht in einem Vertrauen auf die Erklärung des Drohenden, daß er den Bedrohten im Falle der Befolgung des Verlangten laufen lassen werde. Dem Straßenräuber vertraut man nicht. Der Grund liegt vielmehr zumeist in der Erwägung, daß die Ausführung der Drohung im Falle des Nachgebens ihren Reiz für den Drohenden verloren haben, der Drohende kein Interesse mehr an der Ausführung nehmen werde: kurz der Bedrohte nimmt an, daß die Ausführung als zwecklos unterbleiben werde.[1]) Wenn dem aber so ist, welcher Zweck würde dann den Drohenden bei der Ausführung leiten, nachdem der Bedrohte die Befolgung des Ansinnens verweigert hat? Wenn die Ausführung andernfalls als zwecklos unterblieben wäre, so kann auch nunmehr der Zweck kein selbständiger sein: er kann nur bestehen in der Vergeltung an dem Bedrohten für dessen Widerstand, m. a. W. die Ausführung der Drohung steht da als Rache an dem Bedrohten für die Nichtbefolgung. Drohung und Rache stehen in enger Beziehung zu einander. Der Drohende erklärt, dem Bedrohten ein Unrecht anzutun, wenn der Bedrohte nicht dem Ansinnen folge und weil der Bedrohte nicht folge. Freilich wäre es zuviel gesagt, daß das stets so liegen müsse. Der Drohende kann hin und wieder auch selbständige Gelüste verfolgen. Lust am Quälen oder Abneigung gegen den Bedrohten kann im Spiele sein, die dann durch das Sichfügen des Bedrohten beschwichtigt wird. Ferner aber können eigene Vorteile winken. Der Drohende verlangt Nachgeben bei Meidung gegenwärtiger Ausplünderung. Oder eine Festlichkeit gibt die Verlockung für den Dienstboten zum pflichtwidrigen Sichentfernen ab, welche dann durch Erlangen der abgenötigten Lohnzulage ihre treibende Kraft verliert. Aber typischerweise bleibt es dabei, daß die Ausführung der Drohung als ein Akt der Rache für das Sträuben des Bedrohten erscheint.

Aus dem Gesagten erwächst das Kriterium, welches die Möglichkeit gibt, innerhalb der Androhung von Nichtverbotenem die Drohung im Rechtssinne abzugrenzen. Natürlich dürfen hier aber nicht alle die Fälle, in welchen der Androhende bei der Ausführung selbständige Zwecke verfolgen würde, unter die Drohung gezogen werden. Denn sonst stände

---

[1]) Vgl. Henle, Das Anwendungsgebiet der Anfechtbarkeit wegen Drohung S. 15 (in Festschr. f. Zitelmann 1913). Zustimmung bei Engelhard in Ztschr. a. a. O. Bd. 35 S. 14 f. Entgegnung bei Klee das. S. 679 Anm. 14 a. Obwohl ich mich mit Klees Beurteilung der Erpressung als eines Vertrages auch heute nicht befreunden kann, so möchte ich andrerseits doch angesichts der immer wieder fesselnden Darlegungen Klees nicht unbemerkt lassen, daß der Vertragsgedanke durch meine zit. Einwendungen nicht erschöpfend widerlegt ist. Denn außer dem eigentlichen Verpflichtungsvertrage kommt auch noch der nur als Rechtsgrund für die sofort erbrachten Leistungen bedeutsame Vertrag in Frage (vgl. Windscheid a. a. O. II S. 551 Anm.; Siber in Iher. Jahrb. Bd. 70 S. 230 ff.).

man wieder am alten Fleck. Jedes dem Gegner nachteilige Handeln würde zur Drohung genügen; und es wäre wieder belanglos, ob die Androhung den Gegner wirklich in Furcht zu versetzen geeignet ist oder nicht. Es gilt vielmehr, innerhalb der Androhung von Nichtverbotenem die Fälle herauszuheben, welche in ihrer psychologischen Struktur dem oben betrachteten typischen Sachverhalt bei der Drohung mit rechtswidrigem Handeln entsprechen. Da ergibt sich vor allem: wer etwas wiewohl Erlaubtes zum Nachteil des Anderen zu vollbringen erklärt, falls der Andere nicht dem gestellten Verlangen nachkomme, begeht eine Drohung, wenn die Vollbringung als *Racheakt* gegenüber der Hartnäckigkeit des Bedrohten erscheint. Wer sich entschlossen zeigt, Dinge zu tun, die ihm an sich gleichgültig sind, nur um den Anderen für dessen Widerstreben zu strafen, sich an ihm zu rächen, vor dem mag man sich wohl fürchten. Aber Rache ist wieder nicht das einzige. Es kann statt dessen die Lust obwalten, dem Anderen einen Schabernack zu spielen, dem der Bedrohte durch Befolgung des von ihm Verlangten zuvorkommen möge. Auch gehässige Gesinnung gegen den Bedrohten kann als selbständige Triebfeder zur Ausführung der Drohung dastehen. In allen derartigen Fällen ist Furcht wohl am Platze. Damit aber stehen wir an der Grenze. Innerhalb der selbständigen Zwecke bei der Ausführung verläuft die Grenze. *Wo erhellt, daß die Ausführung nur geschehen soll zu dem Zwecke, dem Anderen Böses zu tun*, sei es lediglich aus Rache für seinen Widerstand, sei es aus für sich dastehenden Gründen, da liegt Drohung vor. Wo aber anderweitige Zwecke als leitend hervortreten, da ist das Gebiet der Drohung verlassen. Diese anderweitigen Zwecke laufen hinaus auf die Wahrnehmung der eigenen sachlichen Interessen des „Drohenden". Kein Gesetz darf verständigerweise wehren, sachliche Interessen zur Geltung zu bringen und die Androhung ihrer Wahrnehmung frei als Machtmittel im Daseinskampfe einzusetzen. Es handelt sich da nicht mehr um Drohungen, sondern um Vorschläge. Wer aber mit Vorschlägen kommt, vor dem fürchtet man sich nicht, sondern man setzt sich mit ihm zusammen an den Tisch und sieht zu, ob sich eine Harmonie der Interessen herstellen läßt. Daß zwischen diesen Interessen bereits ein Zusammenhang bestehe, ist nicht erforderlich: wenn der Eine dem Anderen auf dem einen Gebiete entgegenkommen will, falls ihm der Andere auf einem wiewohl ganz anderen Gebiete entgegenkomme, so ist das keineswegs an sich eine anstößige Einengung des freien Entschlusses. *Wer zum Nachteil des Anderen etwas Erlaubtes zu tun erklärt, droht, falls die Ausführung nur von dem Zwecke der Schädigung des Anderen getragen erscheint; wer aber die Wahrung seiner eigenen Interessen vertritt, droht nicht, sondern verhandelt.*

Daß diese Grenzziehung mit den Anschauungen unseres Rechts wohl in Einklang steht, zeigt der § 226 BGB.: „Die Ausübung eines Rechtes ist unzulässig, wenn sie nur den Zweck haben kann, einem anderen Schaden zuzufügen." Mit diesem Rechtssatze tritt das herausgearbeitete Wesen der Drohung in Berührung. Freilich nur in lose Berührung. Auf Rechtsausübung beschränkt sich die Drohung nicht; und die Drohung liegt nicht erst vor, wenn das angedrohte Handeln nur den Schädigungszweck „haben kann", sondern schon dann, wenn es nur den Schädigungszweck hat.

Hiernach leuchtet ein, daß die Androhung von Maßnahmen, die gerade zur Wahrung der eigenen Rechte vom Staat zur Verfügung gestellt werden, an und für sich keine Drohung ist. Wer die Kündigung seines Darlehens, die Einklagung seiner Forderung, die Beantragung des Konkurses androht, verfolgt seine Interessen. Dabei macht es keinen Unterschied, ob er sich an den Schuldner oder an Dritte wendet. Wenn Angehörige da sind, die geneigt sein könnten, für den Schuldner einzuspringen, so ist es nur sachgemäß, wenn der Gläubiger sie aufsucht und ihnen die Gelegenheit dazu gibt. Der Zusammenhangsgedanke muß weichen. Auch dem Schuldner selbst gegenüber muß er weichen. Nicht einzusehen ist, warum die Gläubigerin ihrem Schuldner nicht sagen soll: „Daß ich Ihnen gut bin, wissen Sie; und wenn wir heiraten, tragen wir unsere Lasten gemeinschaftlich. Aber zuwarten kann ich nicht länger, sonst komme ich um mein Geld und gefährde alle meine anderen Lebensaussichten. Also: Heirat oder Konkurs!" Wer sich da entrüstet, verschließt seine Augen vor den unausweichlichen Wirklichkeiten des Lebens. Viel richtiger wäre es, über den Ehemann, der nach Ordnung seiner Verhältnisse die Ehe wegen jener „Drohung" anficht, den Kopf zu schütteln: denn von einer wahren Beengung seiner damaligen Entschließung konnte doch gar keine Rede sein. Es kann freilich auch anders liegen. Doch nicht nur bei der Eheschließung, sondern auch bei der Schuldbeitreibung oder sonstigen Schuldverfolgung. Sobald nämlich jene Gläubigerin den Standpunkt einnimmt: an dem Gelde liege ihr nichts, aber wenn der Schuldner ihr nicht zu Willen sei, werde sie ihm durch Konkursantrag den Hals zuschnüren, begeht sie Drohung; und der Ehemann, der sich in die Enge hatte treiben lassen, kann anfechten. Wer seinem Schuldner das Darlehen zu kündigen erklärt, falls dieser nicht auf das Parteiblatt des Gläubigers abonniere, der droht; aber nicht, weil kein Zusammenhang zwischen Darlehnskündigung und politischer Betätigung besteht, sondern insofern der Gläubiger an sich keinen Anlaß zur Kündigung hat. Ja selbst das Androhen der Klage kann unter § 123 fallen: wenn der Gläubiger an den Tag legt, er wolle den Schuldner nur verklagen, um ihm das Leben sauer zu machen, so übt er unerlaubte Selbsthilfe durch Drohung und die

Zahlung ist anfechtbar; nicht anders wie wenn sie durch Drohung mit Erschießen beigetrieben wäre. Daß die Römer ihren Fall von der revocatio in servitutem wegen Undankbarkeit der Freigelassenen richtig beurteilt haben, bedarf nach alledem keines weiteren Wortes.

Wo nicht ein besonderer Behelf des Privatrechts, sondern eine sei es auch ungewöhnliche Handlungsweise des Lebens schlechthin in Frage steht, darf es ebenfalls nur darauf ankommen, ob der Androhende auf Interessenwahrung ausgeht oder auf Schädigung. Jene Hundeliebhaberin, die sich zur Ehe mit dem Eigentümer des Hundes entschloß, kann nicht anfechten; sie könnte es, wenn der Hundeeigentümer eigens zu dem erklärten Zwecke, ihr zuzusetzen, mit dem Weggeben des Hundes gedroht hätte. Wenn ein Sohn dem Vater auseinandersetzt, er müsse seinem Leben ein Ende machen, wenn der Vater nicht die Spielschulden decke, so ist das ein trauriges Zeichen von Charakter- und Haltlosigkeit, aber Drohung ist es nicht.[1]) Drohung wird es aber, wenn der Sohn erklärt, er werde sich vor den Augen des Vaters eine Kugel durch den Kopf jagen. Schwierig ist die Beurteilung des Schweigegeldes für Unterlassung bloßstellenden Ausplauderns. Ein Geizhals weigert sich, seiner abgedankten Maitresse eine Abfindung zu zahlen, worauf diese mit Bekanntgabe des Verhältnisses droht.[2]) Wenn der Fall so gestellt ist, liegt Drohung und Erpressung vor: die Maitresse erklärt, zur Vergeltung des Geizes handeln zu wollen. Aber Plaudern ist Gepflogenheit des menschlichen und insbesondere des weiblichen Geschlechts: kann es da schon Erpressung sein, wenn die verlassene Geliebte Geld annimmt, das der frühere Liebhaber ihr bietet, falls sie reinen Mund halte? Hier zeigt sich ein brauchbares Element der weiter oben abgelehnten Lehre von der Initiative bei der Drohung. Wer zu seiner früheren Geliebten kommt und sie zum Schweigen veranlaßt, wird nicht zum Bedrohten, wenn die Geliebte sein Geld nimmt; und dabei bleibt es andrerseits selbst dann, wenn die Initiative insofern auf die Geliebte übergeht, als sie mit dem Gebotenen nicht zufrieden ist und mehr fordert. Wenn aber die Geliebte ihrerseits den Anderen aufsucht und erklärt, gegen eine Geldsumme schweigen zu wollen, so liegt darin der Standpunkt, daß sie andernfalls nicht lediglich ihre Zunge zu bändigen unterlassen werde, sondern daß sie reden werde, um sich für die Abweisung ihres Gesuchs zu rächen: Erpressung! Die Initiative also, die bei der Drohung mit Verbotenem oder sonst bei einer als solche bereits ausgewiesenen

---

[1]) A. M. wohl v. Tuhr a. a. O. S. 612 Anm. 53.

[2]) Engelhard in Ztschr. a. a. O. S. 445. Bei Frank in Seuff. Bl. f. Rechtsanw. Bd. 74 S. 261 liegt aber der Fall anders und besonders heikel: die Prostituierte will ihren Lohn. Trotzdem halte ich Erpressung für gegeben (a. M. Frank). Die Prostituierte droht; und die „Forderungen" aus unsittlichem Verkehr genießen keine rechtliche Anerkennung.

Drohung unbeachtet zu bleiben hat, gewinnt hier insofern Bedeutung, als sie gerade den Anhaltspunkt darbietet, um den Racheharakter der angedrohten Handlung zu ermitteln.

Endlich gilt es, der Drohung mit Strafanzeige Herr zu werden. Ist der Androhende der durch die strafbare Handlung Verletzte, so steht die von ihm zu erstattende Anzeige im allgemeinen unter dem Zeichen der Genugtuung, der Sühne für die erlittene Unbill. Sühne aber und Rache gleichzusetzen, wäre ebenso verfehlt, wie Vergeltung für die Straftat des „Bedrohten" mit Vergeltung für Nichtleistung der seitens des „Drohenden" geforderten Entschädigung zu verwechseln. Das Verlangen nach Genugtuung ist sittlich rein[1]) und wird von der Ordnung des Strafverfahrens weitgehend berücksichtigt. Daher darf man, um Ersatz eines erlittenen Vermögensschadens zu erlangen, dem Täter die Strafanzeige vor Augen rücken: Drohung ist das nicht. Ebenso darf man aber auch die Angehörigen des Täters, sei es auf deren Gesuch, sei es auch indem man selbst zu ihnen geht, vor die Wahl stellen, den Schaden zu decken oder der Strafanzeige ihren Lauf zu lassen. Es ist eine volksgefährliche Verirrung, solchem naturgemäßen Vorgehen den Stempel der Erpressung aufzudrücken. Alles das gilt freilich nur, soweit das Genugtuungsverlangen trägt. Erklärt der Verletzte dem Vater, daß ihm an der Bestrafung der in jugendlichem Leichtsinn begangenen Tat nichts gelegen sei, daß er aber zu seinem Schadensersatz kommen wolle und der Vater eine Weigerung der Zahlung bitter bereuen werde, so macht er sich nunmehr der Erpressung schuldig. Unverschämtes Auftreten und einschüchternde Redensarten[2]) können in dieser Richtung ein Indiz für den Drohungsgehalt abgeben: daß der Verletzte mit der Anzeige nicht seine Genugtuung suche, sondern Rache für die Nichtbezahlung des Schadens seitens des angegangenen Dritten. Aber eine weitergehende Bedeutung darf der „Form" der Androhung nicht beigemessen werden; andernfalls verstrickt sich der Unbeherrschte, wo der geriebene Schleicher davonkommt. Auch für eine Ehrverletzung darf der Verletzte Sühne durch eine Zahlung für öffentliche Zwecke bei Meidung der Anzeige fordern. Nur darf sich nicht in der Höhe der Summe zeigen, daß ihm die Beleidigung in Wahrheit eine willkommene Gelegenheit ist, sein Mütchen an dem Beleidiger zu kühlen. Wenn vollends der Beleidigte eine Zahlung an ihn selbst verlangt, so ist eine Lage gegeben wie im Falle des ertappten Diebes oder Ehebrechers, der gegenüber die Römer ihre Meisterschaft bewährt haben. Der ertappte Dieb hat noch keinen Ver-

---

[1]) Vgl. E. W. Mayer, Ethik (Christl. Sittenlehre) S. 233 ff.; ferner Melchior Meyr, Die Lehrersbraut (Reclam) S. 153. Die christliche Versöhnlichkeit ist nicht Würdelosigkeit. Evang. Lucä Kap. 17 V. 3: „So dein Bruder an dir sündiget, so strafe ihn; und so er sich bessert, vergib ihm."

[2]) Vgl. RG. in Strafs. Bd. 21 S. 119; in Zivils. Bd. 60 S. 372 u.

mögensschaden gestiftet, sondern Lärm und Aufregung: da versagt ein Ausgleich in Geld. Ehebruch vollends und ebenso Ehrverletzung läßt sich mit Geld nicht sühnen. Wenn daher der Betroffene Geld verlangt, so zeigt er, daß es ihm um anderes geht als um Sühne des Geschehenen. Demzufolge aber erscheint die Anzeige nunmehr als Rache für die Verweigerung der Zahlung: die Erpressung liegt zutage.

Damit ist bereits der Stab gebrochen über den, welcher, ohne der Verletzte zu sein, aus ihm zu Ohren gekommener Missetat Gewinn zu ziehen trachtet. Wer von der Begehung eines Sittlichkeitsverbrechens vernommen hat oder von einer Majestätsbeleidigung oder Republikschutzgesetzverletzung, und dem Schuldigen Geld abverlangt mit dem Bemerken, andernfalls könne er seine sittliche oder loyale Entrüstung nicht im Zaume halten, von dem weiß man genug. Das öffentliche Interesse an der Bestrafung des Geschehenen ist ihm gleichgültig, und die Strafanzeige würde nur der Wut über das Mißlingen seines Unterfangens entspringen. Ein solcher Mensch ist ein teuflischer Erpresser, ein Auswurf der menschlichen Gesellschaft. Milder liegt die Sache, wenn der Nichtverletzte statt der Zahlung an ihn selbst eine solche zu öffentlichen Zwecken fordert. Aber zu strafen ist Sache des Staates, nicht privater Sittenrichter, die sich in der Rolle eines Hüters des Gemeinwohls spreizen möchten. Diese müssen sich gefallen lassen, daß als treibende Kraft ihres Anzeigevorgehens mangels eigenen sachlichen Interesses der Ärger über den Fehlschlag ihrer Anmaßung des Richteramtes aufgedeckt wird. Damit ist die Drohung[1]) dargetan. Schließlich fragt sich, ob der Gläubiger, der von einer Übeltat seines Schuldners erfahren, die Strafanzeige als Druckmittel zur Eintreibung seiner Forderung benutzen darf. Das ist entschieden abzuweisen.[2]) Nur unter den Voraussetzungen der Selbsthilfe (§ 229 BGB.) kann ein solcher Druck gerechtfertigt sein; er darf aber auch dann nicht zwecks Zahlung, sondern nur zwecks Sicherung angewendet werden (§ 230 Abs. 2)[3]) und berührt daher das Problem der Anfechtbarkeit von Willenserklärungen nicht mehr. —

Zwei Gruppen von Drohungen im Rechtssinn haben sich ergeben: Androhung von Verbotenem und Androhung von nichtverbotenem, aber vom Zwecke der Schädigung des Gegners getragenen[4]) Tun. Die Wissenschaft fordert aber Emporstreben zur Einheit; und um volle Befriedigung zu erreichen, muß daher die Frage gestellt werden, ob die beiden Gruppen

---

[1]) Vgl. Enneccerus a. a. O. bei Anm. 11; v. Tuhr a. a. O. S. 613 u. f.; H. Lehmann a. a. O. S. 180. Erpressung: Wachenfeld a. a. O. S. 400 u. f.

[2]) A. M.: Enneccerus a. a. O. bei Anm. 12.

[3]) s. o. S. 11 Anm. 2.

[4]) Verfolgt der Drohende außer und mittels des Schädigungszwecks den ferneren Zweck, den Bedrohten doch noch gefügig zu machen, so ändert das an dem Drohungscharakter nichts mehr.

der Drohung einem einheitlichen Gedanken untergeordnet werden können. Das ist in der Tat möglich. Den betrachteten Gruppen schließt sich noch eine letzte Art von Drohung an: die unvollendete Drohung. „Wenn Sie sich nicht fügen, dann werden Sie etwas erleben!“ [1]) Gerade diese Art der Drohung weist den Wesenskern der Drohung überhaupt am deutlichsten auf. Sehr fein läßt Vergilius das Quos ego! des Beherrschers der Winde unvollendet. Der Kern der Drohung liegt nicht in dem jeweils angedrohten Einzelvornehmen, sondern in der Unabsehbarkeit nahenden Unheils. Wer rechtlich Verbotenes zu begehen bereit ist, mit dem gibt es keine Verständigung mehr, dem ist das Schlimmste zuzutrauen. Und wer sich bereit erklärt, Dinge zu tun, nur um Schaden für den Anderen zu stiften, von dem ist zu gewärtigen, daß er alles aufbieten werde, um den Anderen niederzuringen. Daher rührt es im letzten Grunde, daß die Drohung das Gemüt des Bedrohten verfinstert, eine dunkle Wolke rings um den geistigen Horizont aufsteigen läßt. Kampf wird dem Bedrohten angesagt. Er hat einen Feind. Drohung ist das feindliche Emporrecken der Persönlichkeit.

Eine gesetzgeberische Verwendung dieser letzten Erkenntnis des Wesens der Drohung ist weder tunlich noch wünschenswert. Der § 123 BGB. mag ruhig bleiben wie er ist, wofern man nur der „Drohung“ den Gehalt zumißt, wie er sich ergeben hat: Verlangen nach Abgabe einer Willenserklärung, mit der Beifügung, daß andernfalls der Drohende dem Bedrohten etwas antun werde, das rechtlich verboten ist, oder das zwar rechtlich erlaubt ist, aber nur den Zweck hat, dem Bedrohten Schaden zuzufügen. Im Erpressungstatbestande des Strafgesetzbuches aber müßte dieser Gehalt niedergelegt werden. Es müßte heißen: „Wer, um sich oder einem Dritten einen Vermögensvorteil zu verschaffen, auf den kein Rechtsanspruch besteht, fremdes Vermögen dadurch beschädigt, daß er einen Anderen durch Gewalt oder durch Drohung mit einem rechtswidrigen Verhalten zu einer Handlung, Duldung oder Unterlassung nötigt ... Als rechtswidriges Verhalten gilt auch ein Tun, das nur den Zweck hat, dem Anderen Schaden zuzufügen.“ Dann erst wird die Strafbarkeit wegen Erpressung aufgehört haben, eine Volksgefahr zu sein.

---

[1]) Vgl. Cosack a. a. O. I, 1 Beisp. I.

v. Münchow'sche Universitäts-Druckerei Otto Kindt in Gießen.

FSC
www.fsc.org
MIX
Papier | Fördert
gute Waldnutzung
FSC® C083411

Kolibri 360 GmbH
Ferdinand-Jühlke-Straße 7
99095 Erfurt, Deutschland
produktsicherheit@kolibri360.de